길은 언제나 뜬눈이다

길은 언제나 뜬눈이다

정빈 시집

문학의전당

自序

사는 일이 곧 시가 되어야 한다는 어느 분의 글이 생각난다.
중독보다 뜨거웠던 시간을 넘기고
맨발로 내딛는 마음밭이다
비닐하우스 속의 여린 화초보다
바람꽃 앞에 선 동백이 내 글의 자화상이랄까?

2009. 10
아름다운 유배지에서

차례

1부

2부

3부

4부

1부

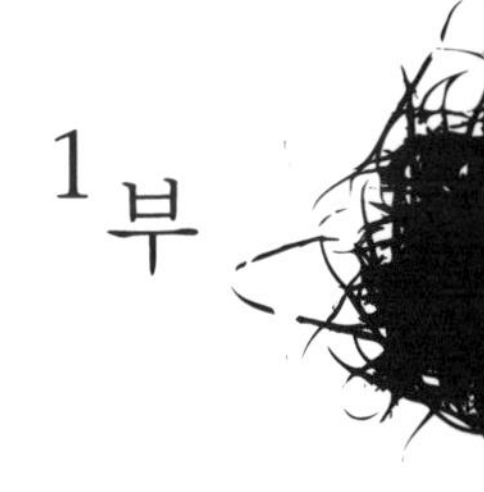

두구동 산 십 번지

금 간 벽면을 타고 가을비 젖고 있다
낡은 전선들이 공중에서 농성을 하고
자고나면 솜방망이 벼락소리
부릅뜬 눈에 핏발이 일어선다
맨몸의 민달팽이 한 마리
저당잡힐 목숨조차 없어
외벽 타고 오르는 붉은 담쟁이와 몸을 섞는다
재건축 딱지 날려버린 게고동 등판에서
휘청거리는 햇살 소금밭처럼 말라가고
떠도는 발걸음 아득히 멀어진다
늦가을 녹물 토해내는 수도꼭지 틈새로
남루한 생이 거품처럼 기어 나가
인력시장 처마 밑에 둥지를 튼다
나 홀로 시위하는 현수막이
헐벗은 몸 부풀리는 동안
헌옷 수선집 재단기 앞에서 꿈꿔온 하늘은
철근 더미 속에서 기워지고 있다

변산에서

늙은 소금밭이 땡볕 아래서 수차를 돌린다
해풍에 실려 오는 여우볕살
졸리는 몸짓으로 출산을 한다
조금 때맞추어
징기미 하늘 긁어 모우는 갯바람은
솔숲 넘보며 싸락눈을 토해낸다
소금창고 등판에 화살처럼 박히는
잊혀진 봄볕
척추 부러진 고무래 일으켜 세운다
당그래에 끌려오는 잔설은
주름진 바둑판에 누워 노역을 꿈꾸고
푸른 안개는 아름드리 살집을 짓는다
노을에 걸려 허둥대는 산그림자
육각형 늑골 속으로 들어와
서릿발 돋친 숨결을 곰삭인다
곰소항의 앙상한 식욕이 빗발치듯 살아날 때
산동성으로 밀려난 성근 눈발이
황금밭 찾아 술렁거린다

바다 밑을 걸어온 핏발선 생애

젖은 눈가에 방글라데시의 별빛이 내려선다

와인 한 잔

크리스털 유리잔 안에서
잉걸불이 춤을 춘다
소용돌이치는 붉은 혓바닥
타클라마칸의 정오를 구워내고
바이칼호 수면 위로 피어나는
오로라의 숨결이 타 오른다
살이 영근 불길 속에서
부푸는 갈매 빛 물결
불꽃 가르는 옷깃이 흐느낀다
회오리바람 집을 짓는 사막의 늑골
모래 기둥들 직립보행을 하고
무지갯빛 태양이 뒹구는 구릉에서
돔 페리뇽 사제가 미사를 집전한다
발정 난 전갈 한 마리
선인장에 취해 밤이슬을 유혹하고
벼랑 끝을 흔드는 바람 몇만 평 날아오른다
산세베리 잎새에 바하 교향악을 풀자
낙타는 요한 세바스찬의 악보를 흥얼댄다
북극 하늘에
오리온 별자리가 바리게이트를 치면

어둠은 갈라진 빙판 위에서
장미의 입술을 뜨겁게 태운다

독일 빵집

기병대 나팔소리에 속살이 부풀어오른다
구수한 아침이 돌아 나오는 골목마다
번지는 함성은 돌담을 빨갛게 달군다
제분 공장에서 새어 나오는 허기진 새벽이
진열대에 잠든 제빵사의 하늘을 깨운다
밤새도록 꿈꾸는 꼬마 병정
뜨거운 오븐 속에 누워 밀밭을 떠올리면
들판으로 가는 길이 노랗게 익는다
군악대 반주에 꿈틀거리는 눈빛
겹겹이 껍질 벗이 던지는 사과파이의
녹아내리는 맛이 우렁차다
갈색 살갗을 구워내는 얼굴에서
군화 소리에 일어서고
쇼케이스 속은 밀레의 작은 공화국
줄을 서는 한 잔의 커피는
바게뜨 어깨에 날개를 달고 날아간다
솟아오르는 햇살 뿜어내는 나팔수가
빵집 유리창에 개선 행진곡을 풀어 놓는다

황사주의보

모래기둥이 도시를 걸어다닌다
황색 시가전이 시작되고
점령당한 거리가
피를 흘리며 누워 있다
공습주의보는 경보로 바뀌고
긴급 사이렌이
빌딩 사이로 거세게 휘몰아친다
얼굴 없는 게릴라들이 햇살과 대치하고 있다
방독면을 쓴 사람들은 추억에 시달리고
마른기침 소리에 창문들이 비명을 지른다
적막했던 히로시마 하늘이
머리 위에서 맴돌다 내려오면
지평선도 회색독감에 걸려
바이러스 백신을 맞는다

공중전이 휩쓸고 간 마을 입구
낮은 담장 밑에
파란 붓꽃이 실로폰 소리처럼
경쾌하게 웃고 있다

번지점프

먹이를 향해 추락하는 독수리의 눈빛에
자유가 쇠밧줄에 묶여 허공을 맴돌았다
창살에 갇혀 몸부림치는 분노는
험난한 파도를 넘어 와
구속된 삶의 파편들을 바위틈에 걸었다
현기증이 피어오르는 가파른 절벽 아래
여자의 슬픈 노래가 소용돌이쳤다
수직으로 꺾어지는 바람은
허리 굵은 홰나무에 걸리고
흐린 구름 쫓던 칸나 한 송이
회오리치는 물살 속으로 내리꽂혔다

태풍의 눈은 물갈퀴를 온몸에 달고
과녁을 향해 번개처럼 돌진했다
휘어진 계곡 사이로 떨어지는 날개는
부양선으로 떠올라 화려한 탈출을 음모하고
나락으로 미끄러지는 협괘열차 속에서
외로운 섬이 출렁거렸다
매일 밤 비상을 꿈꾸는 나는
솔개 한 마리 가슴에 품고

젖은 빌딩을 올랐다
떨어지는 곳마다 신명나는
춤판이 익어갔다

베델 소아정신과 병원

만성 자폐증에 시달리는 꽃들이
시든 이파리 뒤틀면
검은 새끼 고양이들은 어두운 복도에서
키를 낮추며 배회했다
가슴 없는 여자들이 눈에 불을 켜고
작은 우주를 흔들어 놓았다
터지지 않는 목소리가 침대 시트에 갇혀
해독할 수 없는 비명을 지르고
거북 등에 눌려 숨 막히는 어린 소망
병실 문 앞에서 퍼덕거렸다

밤마다 쌓아 올린 레고성에서
외눈박이 인형들
까치발로 종종걸음치며 놀다가
아침이 오면 안델센 성문을 굳게 닫았다
부풀어 오른 오색풍선이 몸부림치고
부릅뜬 세상은 엉겅퀴꽃으로 피어나
움켜쥔 초콜릿을 쓴맛으로 삼켰다
액자 속 아이들은 아득한 바다로 흘러가고
재재거리는 환청이 거미줄에 대롱거리는 동안

햇살 한 자락 무지개 허리 휘감으며
깊숙한 어둠의 휘장을 걷어냈다

램브란트 치과의 반란

앳된 아이들이
6층 빌딩에 매달려 덧니를 보이며 웃고 있다
사이프러스꽃잎 터져 나오는 철길에서
빛의 화가는 아추르 블루 색감을
캔버스 가득 뿌려 놓는다
어릴 적 놓쳐버린 시린 햇살이
살빛 이마를 적시며 이젤 위에 쏟아져 내리고
수면 마취에 깊이 중독된 여자는
두 눈 부릅뜬 호숫가에서 핸드피스로
잠든 새끼 악어의 어금니를 닦고 있다
낯선 바람 한 자락 밀려 올 때
여린 실핏줄이 유니트 체어를 지나가고
칸델라 불빛 아래 구겨진 어제가
몇 개의 기둥으로 구획되어 서 있다
듬성하게 자란 풀숲에 녹슨 서풍이 기웃거리자
포르말린 환청이 작은 방 안을 흥건히 적시고
아그릿바 각상 콧날 끝에 빛들이 꿈틀거렸다
계곡으로 흘러내리는 오래 묶은 숨결들
시월의 달빛에 씻겨 요동치고
미술관 옆 병동은 하얀 피를 토해낸다

절벽에 매달려 석션에 빨려 들어가는
무채색의 악의 꽃
붉은 입술 벌리며 피어오른다

어느 휠체어의 고백

하늘은 언제나 돌아 앉아 있었다
서서 볼 수 없는 출구가 바퀴살 아래 막히고
달리고 싶은 꿈은 문 앞에서 멈춰 섰다
숲으로 옮겨간 햇살은 돌아오지 않고
온몸에 촛농 같은 물집이 돋아났다
내 젊은 날을
날 선 빗발이 삼켜버린 뒤
주저앉은 봄은 일어설 줄 몰랐다
흔적 없이 사라진 발자국에 피멍 드는 동안
펼 수 없는 날개는 먼 길 위에서 파닥거렸다
잃어버린 신발을 찾아 헤매는 저녁 그림자는
등 돌린 늪처럼 누워 있고
내 바퀴살에 감기는 겨울은
칠흑 같은 언덕에서 안개꽃을 피웠다
뛰어갈 수 없는 눈 먼 길이 야위어가고
저무는 벌판이 몸부림칠 때
사라져버린 이름을 서럽게 불렀다

재활원 뜨락을 깨우는 바퀴 소리
껴입은 적막을 틀며 달려오고

붉은 수수밭 위로 소나기 지나가면
허탈한 웃음 허공에 내 걸렸다
어린 새가 눈뜨는 새벽
떠도는 뭇별들 어둠을 밀어냈다

하얀 교향곡 1번

–화가 휘슬러에게

사월의 나무는
짧은 리듬에 맞춰 백색등을 켜든다
실버 화이트 드레스 갈아입은 봄밤은
서서히 사라지는
모나리자의 미소처럼 눈을 뜬다
납 중독에 파리해져가는 그대의 작품 한 폭
벚나무 어깨에 은빛 그림자 내려서자
폭설 속에 수천 대군 거느린 함성 우렁차다
백색계엄령 폭죽처럼 쏟아져
이진 목숨 바람살에 나부끼고
끝없이 펼쳐지는 꽃잎들의 혁명
수평으로 펄럭인다
시린 언어들 안개 속에 길을 내면
비발디의 봄이 출렁대는 객석 뒤로
몸통 굵은 비올라 선율이
물빛 라일락 귀를 깨운다
지휘봉 끝에 매달린 십이분 음표가
천 리 밖에서 숨차게 달려 와
진주 빛 봄날을 덧칠한다
허공으로 날아오르는 어린 날갯짓

하늘 옷자락 끌어당긴다

철거지역

굴피집 처마 끝에서 포클레인이 홰를 친다
노란 살수차가 새벽 산동네 단잠을 깨우자
젖은 먼지가 을씨년스런 거리를 누빈다
콘크리트 더미에서 요란하게 새어나오는
철 지난 전화번호부가
다이얼을 돌리며 안부를 묻는 동안
재개발 택지 분양 플래카드가
부푼 몸을 날리며 햇살에 눈을 뜬다
비닐하우스의 골담초는
봄을 기다리며 세간들을 살피고
떠도는 개똥지빠귀새 추운 어깨에
살풀이구름이 내려앉는다
찢긴 연체료 고지서가 수화를 건네며
검은 입술에 묻은 상처를 펄럭이고
왼쪽 어깨가 밀려나간 외등이
백미러 속으로 뒷걸음질친다
멈춰버린 괘종시계는 언제나
뜨거운 정오를 울리며 저무는 하늘을 가리킨다
도시의 팽팽한 오후가 하수도에 빠져 허우적거릴 때
골목길은 말 잔등처럼 출렁거리며

어두운 길목에서
희미한 등불을 켜고 있다

퀵 써비스

수사자 한 마리 먹이를 찾아
무전기로 사냥감을 탐지한다
시속 125키로 태양은 도시에 내리꽂히고
오토바이 등판에 찍힌 무늬는 번개표다
출렁이는 안개 헤치며 끌려가는 밀림 하나
"확인"과 "노 카피" 응답의
품을 차는 표범은 항진한다
헬멧 속에서 생계가 이글거리고
허기진 바퀴살에 감긴 삶이 별빛에 찔려
정글의 말초신경은 허우적거린다
세찬 파도에 물갈퀴 돋아나고
살점 걸린 우거진 풀밭에
굶주린 개밥바라기별 웅크리고 있다
바람을 풀어 담는 등짝에는
섬들이 일렁거리고
엉겅퀴꽃으로 피어나는 계기판은
속도를 굴리며 달려온다
네비게이션이 사각지대 뚫으면
문어발 펼친 대동여지도
점 하나 찍힌 경계를 넘는다

제 5부두

물빛 하얗게 졸고 있는 한낮
바다는 떠나고 싶어 몸부림친다
야적장에 쌓여 있는 컨테이너 상자에는
풀어놓지 못한 꿈들이 몸살을 앓고
길게 기지개 켜는 대교는
깊은 적막 속에서 아린 정오를 키워낸다
물굽이 돌아가는 해안 따라
전마선이 파도를 예인하고
꽃피는 짐짝을 바라보는 노동의 물살은
출항의 깃발을 흔든다
석탄더미 그림자에 방파제가 돌아눕는 순간
매운 겨울 헤쳐 나온 햇살
담장 뒤에 숨어 화사한 봄을 할퀸다
선창을 누비는 거친 손들
붉은 힘줄 꿈틀거리는 크레인을 끌어올리며
떠나간 철새들 안부 선적한다
남루한 깃발 나부끼는 제분공장 굴뚝 위로
비둘기 날아와 밀밭을 꿈꾸고
아득한 여정 끝낸 검은 공룡은
쏟아져 나오는 봄을 츄레라에 실어 나른다

갤러리에서

북천 오일장터 화폭에 갇힌 대장간
스러져가는 마을 귀퉁이에서
붉은 양철지붕이 삭아 내린다
풀무불 뜨겁게 익어 구릉들판을 삼키고
녹슨 괭이들이 불 속에서 제 몸 녹이며
고개 떨군 채 묵정밭을 갈아엎는다
비틀어진 무쇠를 내리치는 장정들의 팔뚝에서
비지땀 흘리는 이삭들 꿈틀거리고
별살 영그는 불가마 속에서는
사리 꿈꾸는 묵은 쇠들의 반란이 일어선다
삭은 상처마냥 무디어져가는 장단이
잉걸불처럼 타오르고
그 옛날의 천둥소리 무늬 없이 사라진다
깨진 작두 이빨이 메마른 가슴을 당겨오자
날 선 활화산 용트림하며 솟아오르고
목욕재계한 칼날이
번득이는 이마 끈 고쳐 메고 좌판에 앉아
꽃등심 만발한 식탁을 흥정한다
화톳불 위에서 겨울을 닦는 대장장이
잘 익은 서 말 닷 되의 불씨가

열 마지기 생을 달구어낸다
전시장 돌아 나오는 발치에
사라져가는 하늘이
고색창연한 얼굴로 쓸쓸히 내려앉는다

철거부대

이빨 듬성한 철조망이 낡은 담벽을 기웃거린다
땅거미 뒷걸음질치는 하야리아 부대 정문
해 그림자 비껴 앉는 살벌한 경비망이
낙엽처럼 뒹굴며 퇴색한 경고문을 읽고 있다
새파랗게 치솟던 검문은
빛바랜 헌병의 철모 끝에서 맴돌고
기상나팔 그친 파수대에
떠돌이 구름이 둥지를 튼다
이른 아침 때까치 우짖을 때마다
초소 꼭대기 비상벨이 익을 쓰며 울어대고
츄잉껌 외치던 아이들이 놀라 걸음을 멈춰 선다
을씨년스런 붉은 지붕 막사에는
줄지어 서 있는 백양나무 행렬
사열하듯 주름 잡힌 성조기를 그리워하며
둥근 잎사귀들이 두 귀를 말아 올린다
날개 접힌 채 뼈대만 남은 국기 게양대가
졸음에 겨운 알파벳을 해독할 때
이마 벗겨진 교회 첨탑이 시끄러운 흉터를 털어낸다
누더기로 쏟아지는 미 제국의 나팔소리
사라진 군화의 기억들

몸부림치며 깨어나고
군기에 짓밟힌 풀들
꿈틀거리는 실핏줄을 타고 일어선다

칠월의 전시회

렌지에서 막 구워낸 해바라기
로타리에서 수신호를 보내 온다
씨앗을 거부한 작은 몸집
신호등 어깨에 뜨거운 태엽 감으며
태양을 달구고 있다
정오가 탐스럽게 익어가는 동방 오거리
빈센트 고호가 캠퍼스를 펼쳐놓고
자동차를 붕어빵처럼 튀겨낸다
작두비 한 차례 지나가면
구겨진 하늘 잡아당기는 커다란 웃음
문화방송 광고탑 꼭대기에서
땀내 절은 체온계를 밀어 올린다
퇴근길의 풍경화 한 폭
행상 좌판대 위에 터질 듯
부풀어 오른 앉은뱅이 꽃
차량들 바퀴 따라 피어난다
짠물에 절여진 초여름 언저리에
붉은 바다가 출렁이고
자폐증 앓는 에인젤피시 떼
투명젤리 되어 녹아내린다

더위를 태질하는 오후가
물병자리 앞세워 휘파람 날리며 온다

세발 낙지

갯벌을 움켜쥔 햇살이
허기진 식탁을 끌고 간다
복개천 포장마차
화냥기 짙은 여자가
소주잔 기울이며 파도 한 자락 베어 문다
질긴 어둠을 씹으며
거나하게 취한 바다가
접시 밖으로 몸부림치며 쏟아진다
나무젓가락 끝에 매달린 육신은
비틀거리는 물을 뒤집어쓴다

네 발로 기어 다니지 못해
세 발로 뛰어도 난도질당하는 생애
은빛 칼날 아래 머리 푼 몸짓은
소금에 절여 토막토막 끊어지는
짜디짠 인심을 하소연한다
솟구치는 식욕은
뜨겁게 달아오르는 수평선 삼키며
촘촘한 그물 삼천 척 끌고 온다
검은 뻘밭에 달빛을 풀어놓고

거대한 무색계 속으로 빨려든다

귀농 학교

긴 잠에서 깨어난 동종이
제 팔을 흔들며 푸른 숨결을 쏟아낸다
갈곡리 마을버스를 타고
늙은 정거장에 내리면
거북 등처럼 갈라진 묵정논에 물살이 일어선다
낯선 눈빛을 맞이하는 국기 게양대
녹슨 앰프를 틀어 풀꽃들을 키우고
굽은 버즘나무 등판에 찍힌 발자국들
물오른 유기농법 책갈피를 펼친다
벗은 까치발로 학습을 즐기는 애기똥풀이
못자리의 깊은 시름 한 겹씩 벗겨내고
철 지난 땅내가 등 돌린 망초꽃 피우는 동안
앞산 머리 개밥바라기별 하나
서쪽 하늘을 열고 내다본다
들막 학교 실습장에서 키 낮은 밀양벼가
묵은 바람살에 나부춤 추고
누룩배미 어둠 털어내는 숨찬 이야기는
먼 도시로 쑥국새 울음을 실어 나른다
농막으로 이어지는 길이 비틀거리고
페달 밟는 노을의 자전거 바퀴살에

수만 평 넓은 햇살이 팽팽히 감겨든다

MRA 촬영실에서

슬픈 빙하기의 놀란 눈망울들
굉음 지르며 뒤척거린다
전자파 그물에 걸려
오렌지 향 젤리로 두 귀를 막고
수의처럼 온몸을 감싸는 적막
눈뜬 미라는 선캄브리아기
유리관 속으로 끌려 들어간다
주름진 맨살 은밀하게 훑으면
지구를 탈출한 혹성들의 살풀이
척추를 오르내린다
신경초 말라비틀어진 살 기둥이
탐조등 불빛 아래
가시고기 치 떨며 울부짖고
이끼 덮인 주춧돌은 등살에 내려앉는다
오래된 세간들 삐걱거리는 늑골 껴안을 때
음흉한 눈빛 살점 비집고 들어와
차가운 뱀처럼 마른 길을 삼킨다
작은 우주 덤불 속을 헤집고 다니는
식은땀 쏟아지는 소빙하기 사십만 년
청동거울에 알몸을 세우는 여자가

깊게 패인 잠에서 깨어나
별살 감긴 용마루에 거미집을 짓는다

2부

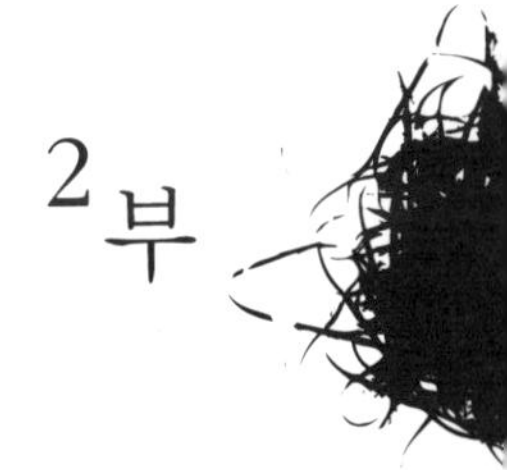

이월의 사랑

키 낮은 화폭을 펼치면
물오른 싹이 고개를 든다
자작나무가 걸어다니는 허공으로
댕기물새 떼가 물방울을 뿌린다
나비는 날갯짓 치면서
우랄산맥을 타고 내려와 앉고
황하에서 불어오는 흙바람은 물구나무를 선다
외눈박이 박쥐를 그려내는 화가는
쥐눈이콩의 잠을 깨우고
깜빡거리는 붉은 눈이
처마 끝 얼음을 풀어낸다
낡은 이름표를 갈아 끼우는 풍경들은
어깨 펴며 일어서고
꽃눈은 별처럼 돋아난다
어린 손들은 메마른 창문을 두드리고
우울증 앓던 태양이 눈을 뜬다
물푸레나무 가슴 여는 소리가
달력 위에서 펄럭이는 동안
아이들을 향해 운동장이 달려오고
들판에서 실로폰 소리 떠돈다

호산리 들판

진전면 들녘에 조등이 내걸리고
굶주린 벼들이 다비식을 갖는다
성난 불길은 용광로처럼 야윈 잔등 삼키며
낙동벼 가슴에 비수를 꽂는다
불타는 벼 알을 눈물로 지키는 트랙터
흰 광목띠 두르고 사자처럼 달려와
바퀴로 날 선 화인 찍으며
까맣게 초토화된 논바닥을 갈아엎는다
벼꽃이 하얗게 피어나는 유월이면
밤새워 터진 물꼬 부여잡고
피붙이처럼 키워온 문전옥답
한 주먹 먹빛 사리로 흩어진다
서슬 푸른 불꽃 앞에 고개 숙이고
화형장으로 끌려들어가는 밀양23호
우르과이라운드 벼락 소리에
명분 없는 목숨을 던진다
검붉은 만장 치켜들고 울부짖는
민초들의 찢어지는 비애가
쌀 개방 물결에 무너져 내린다
휘청거리는 어진 이삭들의 울분이

서쪽 하늘 물들이며 솟아오르고
넋 놓고 지켜보는 허수아비
소신공양하듯 누더기 옷 흩날리며
두 눈을 감는다
잿더미로 쓰러지는 기름진 식탁이
깊게 패인 얼굴의 어둠을 걷어낸다

고갱의 봄날

수도꼭지에서 하얀 바다가 쏟아진다
일천 개의 주황색 손들이
일제히 하늘을 밀어 올리는
겨울 공원에는
비단 개구리가 튀어 오르고
일만 필의 바람이 귤빛 문을 연다
얼어붙은 가문비나무를 리모델링하는
화가의 푸른 힘줄이
콘크리트 벽을 허물면
횡토 물감 속으로 뛰어드는 형광 알전구는
아스피린처럼 마비된 채 녹아내린다
대리석 입상이 아카시아 숲 속으로 걸어 다니는 사이
땅을 들어 올리는 개나리꽃이
노란 기침을 하고
구름 위에 폐타이어가 내걸린다
시소 타고 오르는 종소리가
이오니아 물빛을 그리워할 때
하얀 테니스공이 고속도로변으로 튀어 나가고
정원사는 아스팔트 위를 헤엄쳐 다닌다
드디어

나는 타히티섬을 탈출한다

이식

때 이른 봄
또 햇살 하나 진다
목련 개나리
소복 입은 배꽃
모두 목을 매달고
마당귀에
차례차례 떨어진다
떠나는 길목에서
생채기 지고
노란 울음
골목마다 풀어놓는다

번호표를 받지 못한
나는
맨 뒷줄에 서서
서성거렸다

먼 산 아지랑이를 쳐다보는 동안
은행의 철제 셔터가 내려왔다

여름밤의 반란

잠깬 장미가 바다 하나 잉태하자
강물은 꼬리 긴 횃불을 피워 올린다
핏물 젖은 어둠이 가시를 토해내고
허무에 찔린 릴케의 영혼
겹꽃잎 위에서 살풀이춤을 춘다
오렌지색 울음을
바다안개 몸속으로 밀어 넣는
무당의 옷자락에 칼이 꽂힌다
물갈퀴를 찬 칼날이 바다를 건져 올린다
몸부림치는 물살은
갈증이 타는 목을 잡고 꽃밭에 쓰러진다
바다가 삼켰던
주검은 소금꽃으로 말라간다

윤오월 밤이 네온사인을 유혹한다
실외기가 별빛을 뿜어내면
夏至는 붉은 티셔츠를 벗어 던진다
아낌없이 달아오르는 자정이
아우성치는 빌딩숲을 노려보는 사이
고흐의 해바라기는 도시를 탈출한다

이사도라 던컨

나른하게 졸고 있는 무대 위
나비 한 마리
저무는 길을 잡아당긴다
무용수는 슈즈를 벗어 던지고
나비 꿈을 두 발에 끼어 신는다
탱탱하게 굴러다니는 푸른 불빛
차갑게 서 있는 케텐 위로 가볍게 날아오른다
쏟아져 내리는 키 큰 샹데리아 날개 아래
무성하게 고여 있는 적막이 걸어 다니고
보랏빛 양탄자에 야윈 그림자
벽의 그늘을 밀치며 들어온다
거울 속 낮달이 한꺼번에 쏟아지면
팔이 긴 안무가는
턱을 괴고 앉아 걸린 그림에 귀를 닦는다
한숨을 토할 때마다
액자의 장미꽃이 차례로 뛰어 나와
드레스 위에서 피어난다
시계초침 속에서 환한 어둠을 베고 누워 있던
꼬마 알전구 하나
분홍빛으로 음악에 취하는

차이코프스키의 발등에
달빛을 걸어 놓는다

모델하우스

눈부신 패션쇼가 시작된다
차들이 질주하는 대로변
유효기간을 남긴 여자가
벨지움산 카펫 위에서 순번을 기다린다
값비싼 보르네오 목재들 태평양 건너와
경쾌한 걸음으로 땅을 깨우며
에뜨로 핸드백 든 여자들에게 눈웃음친다
이태리제 석물로 덧칠한 얼굴들이
대형 유리창에 반사되고
관람하는 꽃들은 나선형 계단에 앉아
재개발 딱지를 뿌리고 있다
구름처럼 모여드는
날카로운 하이힐 소리 치솟을 때
부풀어 오르는 목소리
플래카드에 걸려 신음한다
여왕벌 분주히 날아드는 카메라렌즈에
기름기 흐르는 불빛들 출렁거린다
검은 새 날아가는 옥탑방 위로
달빛 노랗게 쏟아져 내리고
주택부금 통장에 찍히는 햇살 한 줌

거미줄 늘어진 골목을 돌아 나온다

손바닥 선인장

높새바람 휘몰아치는 거리
늙은 별 하나가 해진 벽보를 긁어낸다
주름진 눈빛은
엉겨 붙은 골목을 누비며
식솔들의 추운 어깨 가로등에 매달고
치닫는 입술 떠 밀려다닌다
하릴없이 끌고 온 품팔이 생애
도시 앞에 서면 언제나 사막이다
구부러진 손등에
지친 하루가 긴 한숨 토해내고
갈라진 거북 등판
나부끼는 사랑에 휘청거린다
하얗게 도배된 갈비뼈 사이로
갈기 세운 눈보라 들판을 건너
날밤 지새는 아침이면
손가락마다 핏발선 사리 돋아나고
날 선 머리칼 얼음 꽃으로 피어난다
하수구 틈새를 붉게 물들이는
두근거리는 햇살
구겨진 어둠을 펄럭이며 온다

허리케인

횡단보도 앞에는
늘 구름 몇 장 떠 있었다
비상을 꿈꾸는 바다를 끌고 와
거리마다 날카로운 바늘을 꽂았다
매일 밤 지하계단 오르는
곤돌라의 숨 가쁜 몸짓
수직을 깎아지른 절망을 삼키고
야위어가는 어둠은 새벽을 당겨
가로수 그림자를 흔들었다
금 간 하늘이 쉰 목소리로 속울음 토할 때
청동 빛 외등은 보도블록을 깨웠다
여물어가는 소름은 계절처럼 돋아나
쓰나미의 기억을 지우며 돌아서고
온몸 깨어진 갈바람은 빈 집을 나와
휘어진 도시를 세웠다
낮달이 텅 빈 들판에서 달집 태우는 사이
화려한 외출에서 돌아온 매미는
가막살 나무 목덜미 타고 갑옷을 벗었다
드디어
몸살 앓던 파도가 수평선에 걸려 흔들거렸다

퓨전거리

FIFA 광장
통가죽 부츠 입은 마네킹이 걸어 나온다
터져 나오는 네온의 불빛들
낯선 간판에 매달려 손짓하고
파도치는 사람들이
랩에 맞춰 부푼 몸을 흔든다
키다리풍선이
구십 도 꺾어진 절을 할 때마다
버터 빵 냄새가 허기진 코끝을 어루만진다
얼굴 붉히는 낙지볶음 골목
청량초 매운 생애가 기어 다니고
호주산 육괴가 불판 위에서
맨드라미 피듯 익어간다
성형외과에서 굴러 나오는 불빛이
높은 코 그림자에 휘어져 두근거린다
낮과 밤이 접속되는
인터넷방에 떠 있는 문자 메시지
길 모롱이 카페에서
하늘 하나 뒷걸음친다

섬진강 봄은 물속에 길을 낸다

선잠 깬 빙어 떼 강줄기 거슬러 오르면
아그배 꽃비 내리는 모래밭길
하얀 어지럼증으로 넋을 놓는다
나루터 건너온 물안개 집을 짓는 강둑 길
뱃전에 넘실대는 하늘은 강물로 뛰어들고
지천으로 흩어지는 꽃잎들
물오른 자작나무 가지에 걸려 바람이 된다
보리밭 이랑에서 몸을 접는 안개가
연둣빛 숨결 토하며
백운산 자락 부둥켜 안는다
울음 빛 물 앵두꽃
저 혼자 향기 풀어놓는 동안
하릴없이 무너지는 물소리 여물어 오고
강둑에 매인 거룻배 한 척
깊은 꿈에서 막 깨어난다
물그림자 모여 사는 어진 강 마을
건너가지 못하는 아지랑이가
다리 난간에서 별빛을 피운다
물살 설레는 장승의 꿈이
울렁이는 고샅길로 번져 오른다

티베트 지나며

드리궁틸 가는 길이 벼랑에 걸려 있다
노역을 끝낸 육신
이생의 마지막 축제장으로 끌려간다
날짐승 어깨에 허기가 부서지고
번득이는 하늘의 눈빛
나부끼는 살점들을 쓸어 모운다
천장사天葬師들 주문 속에
엷은 그림자 빠져 나가면
부리로 쪼아 먹는 핏빛 아우성
망자의 기억은 비린내로 흩어진다
시퍼런 도끼날이 허공을 찍을 때
인연 매듭 풀어져 나풀거리고
독수리가 허우적대는 영혼 낚아챈다
일렁이는 삶의 조각
보시로 던져 주는 공양이다
죽은 자의 만찬이 새 발톱에 끼여
설산에 뿌려지면
거친 숨소리 잦아들고
노승의 독경 날개 달고 이승을 건너간다

샹그리라
샹그리라
주검이 가벼운 웃음 흘린다

꿈속의 꿈

어린왕자가 흰 코끼리 등에 업혀
백화점 에스컬레이터를 오른다
2층 코너에 진열된 마른 장미꽃 속에서
마릴린 먼로가 미니스커트를 입고
랑콤 매장에 앉아 화장을 한다
앙큼한 눈빛에 걸린 향기 출렁이자
호랑나비 떼 모여들고
마네킹의 알몸이 원피스 속으로 들어간다
쇼윈도에 걸린 코끼리의 긴 코는
철 지난 옷에 핀 꽃들에게 물줄기를 쏜다
보랏빛 실크 꽃송이
터지는 소리 창을 뚫고 나와
빌딩 허리를 감는다
옥상으로 올라간 어린 왕자
쇼핑객 향하여 십만 원권 지폐를 날리자
이름 없는 꽃무리 화르르 피어난다
꽃들이 말을 걸어오고
단잠에 취한 여자는 꽃길에서 미끄러진다
그림 한 폭이 액자 속에서 걸어 나온다

꿈에서 깨어난 아침도
안경 너머 또 꿈속이다

잠 속의 가변차선

영광 빌딩 꼭대기
수신기가 초승달을 견인하고 있다
전파를 타고 흐르는 목소리가
핸드폰 안에 들어와 문자를 입력하자
내장된 얼굴들이 화면 위에 떠오른다
바랜 기억 속으로 박쥐가 집을 지으며
퇴화된 날개로
돋아나는 어둠을 갉아 먹는다
검은 비가 쏟아져
굵은 빗방울 안테나에 걸려 펄럭이고
쏠리토리멘이 전신주에서 흘러나온다
고독 속의 노랫말이 허공에서 하얗게 부서지면
은사시나무 가지에 비밀번호가 접속된다
간편 메뉴는 안개처럼 살이 오른다

충전된 냉장고에서 포도주가 익는다
술 취한 여자가 육교 밑에서 부풀어 오르고
해산하는 보름달이 부풀어 오른다
키가 자라는 그림자를 세우는 동안
비틀거리는 달빛은 횡단보도를 건너간다

휘파람 소리 길을 열자
장콕도의 바다는 소라 귀를 풀어 놓는다
긴 잠에서 허난설헌이 깨어나면
밤을 지새운 티브이가 붉은 눈을 깜박이고
달콤한 사탕수수나무는 아침을 열고 나온다

건강진단

거대한 병동은 온갖 통증들이 떠다닌다
신발을 내려놓고 말하는 기계 위에 올라서자
165센티, 57킬로
반가운 목소리는
긴 가뭄 끝 물꼬마냥 촉촉하다
투명 필름 속에서 내 몸의 눈부신 선들
비명을 지른다
병실 밖에는 앙상한 나무들이
겨울 복판에 서서
햇빛을 두려워하며
가벼워진 영혼을 밀어낸다
생의 금을 긋는 갈비뼈 한 쌍
하얀 헛웃음을 토해내자
견딜 수 없는 식욕이 뒷걸음질치며
내시경 검사실 앞에 선다
구급차에 실려 들어온 여자의 노란 울음
기둥마다 질긴 동아줄로 감겨 있다
해거리하듯 돌아오는 육신의 통과의례
죽음의 그림자가 일렁일 때마다
햇살처럼 걸려 있는 영안실 조등은

떨어진 기억들을 되살려낸다

X - RAY

누군가 내 육신을 탐색하고 있다
벽 속에 빛이 살아 있어
채송화씨보다 작은 눈알 하나
박쥐처럼 숨어 길을 만든다
용암 같은 사랑 뜨겁게 핥고 있다

맨살을 탐닉하고
여자의 가슴에 매달린
낯익은 욕망을 핀셋으로 집어낸다
꿈틀거리는 목숨들
초여름을 꿈꾸며
통제구역을 지나간다
흑백의 경계가 무너지고
이글거리는 태양의 길목마다
웅크리고 앉은 고치 같은 생애

빈 껍질 벗어 버리지 못한
고달픈 육신 위로 모니터가 뜬다
갠 하늘에 마른번개가 울고
낡은 뼈들의 반란이 빗발치는 동안

그대는 마취에서 깨어나
숨은 해를 찾아 뒤뚱거린다
어두운 그늘을 통과한 연골들이
실선을 따라 창밖으로 걸어 나온다

심장 조형술

그래프 종이 위에 하얀 숨소리가 뛰어 다닌다
알몸에 깜박이는 로봇을 달고
모니터 속에서 요동치는 E.K.G
피뢰침을 찾지 못한 번개는
헛발질하며 긴급 구조를 기다린다
솜방망이 치는 가슴 사이로
초음파 마우스 긴박하게 미끄러지며
耳順의 지친 늪을 건져 올린다
허기진 심장은 빈 들판 앞에서
누더기 혈관을 힘겹게 돌리고
가라앉은 숨결 끌어 올리는 천둥소리
팽팽한 볕살 당겨 겹주름을 편다
탄력 잃은 오장육부가 지축을 깨워
막힌 터널의 물길을 열고
기름때 낀 동맥을 지나가는 진눈깨비
살진 식욕을 잠재운다
눈부신 소나기 한 줄기
폐왕성 돌아온 앙상한 돛배에
두근거리는 봄날을 가득 채운다
저물녘

풀어진 엔진소리 거세게 밀려오면
아우러지는 몸피에 용접 불꽃이 뜨겁다

불면증

달빛에 찔린 밤이 온몸을 태우면
뜬눈으로 밤길 거니는 달맞이꽃
하얀 캔트지 위에 뻐국새 울음을 그린다
둥지 속에 찢어진 구름 깔아 별빛 채울 때
흘러나오는 검은 피아노 소리
서럽게 내 귀를 때린다
설익은 꿈들이 내 몸을 휘감고
내리는 이슬에 꽃잎 말며
시멘트 담벽을 오르는 나팔꽃
한 뼘씩 키가 줄어든다

거센 물살에 생채기 진 뻘밭
엎드린 가슴 목젖이 마른다
밤새 닻 내리지 못한 종이배 하나
물보라 새기며
파도 어깨에 어린 고기 떼 풀어 놓는다
섬을 빠져 나간
아기 고래들이 풋잠 앞세워
대서양을 건너오는 동안
일 카렛 다이아몬드 눈빛 창틀에 앉아 있다

사막에 핀 벚꽃이
허리케인 기척에 놀라 날아오른다

길은 언제나 뜬눈이다

한낮이 비스듬히 기댄 도로에서
이글거리는 맹수의 눈이 노려본다
어디선가 셀파족의 발자국 소리 번득이며 다가오고
화살표를 따라 타이어바퀴가 네 귀를 세운다
삼켜버린 고향을 찾아
갈기 세운 부푼 사자 한 마리
아스팔트 위를 맨발로 달려와
황색선에 서서 감시망 따돌리며
먹이 향해 카메라 사냥을 즐긴다
속도는 바람을 따라 잡지 못하고
날카로운 눈길 용사처럼 휘날리며
졸고 있는 정오를 끌고 간다
발목을 낚아채는 일상이
그물망에 걸려 허우적거리고
경적소리 실눈을 뜬다
낭랑한 여자의 부릅뜬 목소리에
공중에 매달린 망원경이 비명을 지르자
왕복 8차선 도로가 휘청거린다
전광판에 낯선 얼굴 하나 걸려 있다

3부

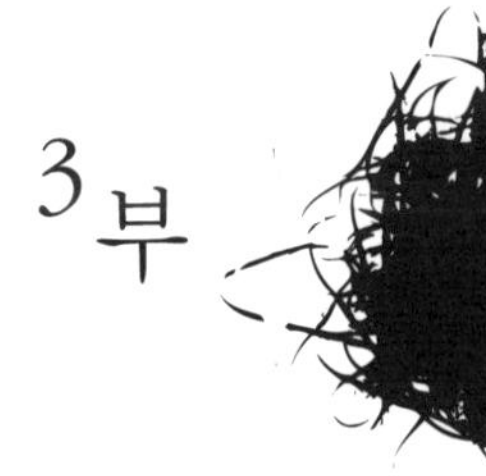

행복인쇄소 지나며

휘청거리는 불빛이
마스터 옆구리에서 찍혀 나온다
폭발하는 신명조체 문자들
동판에 누워 발아를 기다리고
뜨거운 추억이 흩뿌려진 지면 위에
파종되는 씨앗들이 어둠을 밀어낸다
심장에서 쏟아져 나오는 봄은
여물지도 못한 채 부풀어 올라
설익은 아침을 구워낸다
복제된 태양의 눈빛이
모음으로 찍혀 있는 소롯길에
이카로스의 날개가 탐스럽게 내걸리고
흐린 자음들이 울창한 숲을 넘나든다
떠날 채비를 한 설화들이
가판대에 꽂혀
된바람에 가슴 나부낄 동안
낡은 기계음이 서로의 안부를 물어온다

잃어버린 영혼 하나
사라진 발자국 따라 길을 연다

어머니의 가을

딸 셋 아들 셋을 둔 여자는
봄마다 참깨 씨를
앞가슴 같은 텃밭에 자식처럼 뿌렸다
오뉴월 볕살에 찔려 익어 가는 푸른 별들
여름 시작부터 가을 설핏 해질 무렵까지
참깨 털이는
동서로 뜀박질하듯 툭툭 터져 나갔다
추수 끝나 비틀어진 깻단 들을
양지바른 툇마루에 올곧게 말려
곳간에 組王神 섬기듯 고이 모셨다
자식들 대처로 유학 가는 날 아침이면
까만 젖꼭지같이 마른 꼬투리 깻단
燒紙처럼 사뤄 지은 밥을 먹여 보낸 후
온종일 두 손의 지문 지우며 애를 태웠다
더운 밥상에 모여 앉은 식솔들
피어오르는 뽀얀 김이 목젖을 삼키는 동안
아랫목에 묻어 두었던 여자의 간절함
탯줄에 묶여 애틋한 불씨로 피어났다
무르익은 깨 알맹이 밥숟갈 끝에서 일렁일 때
흰 머리칼 날리는 쓸쓸한 눈가에

배추나비 떼 지어 날아올랐다
가슴에 정한으로 돋은 별
여든 평생 장지문 쪽으로 귀 세워 노루잠 자고
휘어진 등뼈 마디마디 깨꽃이 하얗게 쏟아졌다

겨울 입문

서리 누운 낮은 소롯길
회양목 야윈 어깨 위에
익은 벚나무 잎새 웅크리고 앉아 있다
막 뽑아 올린 시린 무우 속살
한 잎 삼킨 배추벌레 살이 오르고
사각거리는 청무우 빛 소리 금이 간다
초겨울 빠른 숨결
방울뱀 울음 되어
질긴 덤불 속으로 들어간다

화양분교 앉은뱅이 분수대
까치발로 하늘 들어 올린다
나이 든 놋종소리 바람결에 눈을 뜨고
몇만 필 허공이 기러기 떼 날려 보낸다
가을걷이 끝난 들판
고삐 풀린 해거름이 마을로 내려오면
끝물 매운 고추 하얗게 얼룩진다

베란다로 돌아온 되새 한 마리
나부끼는 햇살 한 삽 퍼 올리면

허한 화가의 그림 속
날 선 시계추 비껴 앉는다
카렌다 한 장 지평선에서 떨고 있다

교외

광나루역
지하철 차창 밖으로
노을 한 자락 걸어간다
하늘이
애기 분홍빛으로 출렁이며
바람의 긴 목덜미 간질일 때
포롱새 한 마리 높이 솟아
강물 속에 몸을 던진다
미화원 긴 대빗자루 끝에 뒹구는
물오른 오후가 눈을 뜨고
이른 봄 햇살은
느릅나무 잎새 뒤에서
살비듬 날리는 신호음을 쏟아낸다
고압선에 감전된 하늬바람
강둑에서
푸른 안개와 몸을 섞는다

구포 장날

질정 없는 장맛비가 오일장을 끌고 다닌다
적신호에 걸려있는 발자국들
장터로 왁자하게 달려가면
선짓국이 허기를 메우는 간이 의자에는
대낮부터 걸쭉한 사투리가 자리를 잡는다
어물전마다 번득거리는 눈알들 굴러다니고
비린내가 좌판 위에 천막처럼 걸려 있다
골목 시장을 휘젓고 다니는 빗소리가
장바구니 속에서 흥정을 하고
소금에 몸을 섞는 자반고등어 한 손
질긴 몸부림으로 힘줄을 돋군다

에누리 없는 꿈들이
장바닥에 낭자하게 쓰러진다
낡은 수레바퀴에서 기어 나오는 늙은 목청
파장을 알리며 알전구로 피어나고
등 굽은 저녁이
마지막 열차에 실려 떠난다

경칩 무렵

재첩국을 뇌이던 고달픈 함성
짙푸른 섬진강 한 짐 지고 와서는
골목마다 펼쳐 아침식탁을 차린다
쏟아지는 꿈길에 풀지 못한 육신
로터리 엉킨 강물 되어 출렁거린다
새벽 창호 문살 열어 놓고
살얼음 녹이는 상수리나무 헛기침에
물밑에서 건져 올린 나직한 목소리
봄 한 잎 베어 물고 올라 온다
긴 물장화 신은 사내들 허벅지 사이로
싱싱한 피리 떼들 물살 따라 넘나들 때
햇살 시린 강줄기 온몸 뒤척이고
꺾인 백운산 허리 둥글게 말아 세운다
겸제의 취화선을 복제한 봄이
물 능선을 타고 피어나
재첩 잡이 갈퀴 끝으로 물길을 열 때
평사리 가는 길목
싸늘한 하이힐 소리
최참판댁 문지방을 넘는다
첩자처럼 숨어 들어온 이월이

발정 난 암고양이인 양 앙큼하다

다대포 해넘이 Ⅱ

창을 열면
선착장에 매달린 바다가 달려온다
횃불들은 왁자하게 문을 두드리고
꽃처럼 무너지는 꿈
노을이 알몸으로 출렁인다
무르익는 파도소리
적보랏 빛 하늘을 게워낸다
모래톱 위에 비낀 불빛
섬의 허리 휘감아 속울음 번지는 동안
이글대는 회오리바람
성긴 햇무리 속으로 길을 낸다
갯벌은 종일 물보라를 퍼 올리고
마른 갈 숲 너머로
서풍이 불어 올 때까지
떠나가는 눈빛을 쓸쓸히 풀어낸다
산등성이 부여잡고
마을의 눈썹을 태운다

어망에 걸린 노을은
가슴 열며 펄럭거리고

동백꽃 흔들리는 뱃전에서
칼춤 한 판 신나게 벌린다
아직은 세상이 너무 뜨거워
수평선은 온통 화염 속이다

욕지도 Ⅱ

저어새 울음이 뱃길에 묻어와
저물어 가는 불빛을 깨운다
잠결까지 따라온 옥섬의 허리는
베갯머리에서 출렁거리고
쪽창 열면
푸른 물살이 갯바람에 말라간다
괭이 갈매기 물어온 시멘트 길이
해안선을 가를 때
하얗게 재로 남은 바다는
뚝, 뚝 부러져
아픈 물무늬를 만든다
자금우 숲 언저리에 돋아나는 별빛은
깊이 잠드는 집들이 그리워
날 선 파도를 시퍼렇게 절인다
칼날 세워 헝클어진 그물코 기우는
붉은 해일이
선착장을 할퀴는 사이
어부의 거친 손짓에 물이랑 파닥거린다
돌아오지 않는 사람들은
거친 해풍에 실려 스러지고

밀려오는 뭍의 햇살에 물든 포구는
힘살 좋은 남해를 게워낸다

전혁림 2

텃새 두 마리
에메랄드 빛 파도 위에
달아오르는 오방색
콸콸 쏟아 붓는다

성냥불 그어 대면
금방
활화산처럼 치솟는 미륵섬
밤마다
불씨 달구어
바다를 토해낸다

부풀어 오르는 별빛 앞세워
새파랗게 질린 호수 하나 끌고 가는
앙리 마티스
머리칼은 산발이다

돌아온 코발트빛 구름
밀물 때 기다려
낡은 그물로 청색노을 건져 올린다

자연사 박물관 근처

눈망울이 빠져나간 빨강 피아트 한 대가
흐린 깜박이를 켜놓고 잠들어 있다
타이어가 놓쳐버린 길은
구석진 계단 아래에서 공회전을 하고
무인카메라를 속여 가며 달렸던 속도계는
멈춰버린 전광판 시계처럼
검은 숫자를 외며 오수에 빠져 있다
심장이 멎는 사이 기억은 지워지고
바람이 견인한 어제가
건조한 갓길의 햇살 속으로 사라진다
바랜 은행잎은 느낌표를 나르며
빈혈 앓는 집들을 하나씩 채색한다
벌거벗은 청동 사내의
팽팽한 남근이 꿈틀거릴 때
어미 비둘기는
눈알 굴리며 선연한 음성을 토해낸다
반짝이는 새들의 날갯짓이
이젤 위에 스케치되고
발효한 유화물감은 화폭 속에 푸른 길을 낸다
젖은 수채화 한 점
물기 다 태우고 투명한 터널을 건너온다

소화기

그대는 태양의 딸
대낮에도 허공을 두리번거린다
하얀 포말 가슴속에 구겨 넣고
그늘에 웅크리고 앉아 날숨을 쉰다
부산한 눈빛에 부릅뜬 감지기는
언제나 이글거린다
솟아오르는 스프링클러의 매운 통곡 앞에
주체할 수 없는 파도가 붉은 산을 삼키고
애끓는 목소리 누군가를 부르며
타오르는 살얼음판을 잠재운다
온몸은 뭉개져 내리고
꿈틀거리는 불길에 하늘이 익는다
치솟는 팔매질에 끌려 용광로 속으로 뛰어들면
내장이 환해질 때까지 슬픔을 삼키고
막혀 있던 추억이 쏟아진다
사이렌 소리 회오리치던 어둠 속
놀란 가슴 피멍울 토하며
뜨거운 숨결에 몸을 섞는다
위 절제 수술을 끝낸 여자의
기억 한 귀퉁이가 떨어져나가면

깜부기 하나
피난 사다리 위에서 개기월식을 본다

옛집

텃밭으로 돌아오는 길은 까치설날이다
잎나물들 고개 내밀어 반겨주고
잊었던 이름 불러주는 둥근 식탁은
뿌리 엉긴 꽃밭으로 피어난다
가슴 쏟아 안부를 쓰다듬는 동안
먼저 떠난 그리운 얼굴
서러운 산이 되어 옷깃 적신다
그늘 짙은 느티 한 그루
묵정논 물꼬 틔우며
잡풀 돋은 모종밭에 밑거름 되어
바람막이 둥지로 등뼈 받쳐준다
칼바람에 덧난 상처 안아주고
너 말 닷 되 짠 땀 흘리며
굳은살 박인 손등으로
이마 훔쳐 주는 겹겹의 물가
비탈길에서 휘청거릴 때마다
장명등 하나 내 걸어
신발 끈 매어 주는 아버지 헛기침
안방 문갑 속에서 숨 쉬고 있다
닮은 피 흐르는 연둣빛 숨결

달맞이꽃 눈뜨는 새벽녘까지
고장 난 축음기처럼
낮달이 스산하게 돌아간다

폐선

이글거리는 햇살이
갯벌 위에서 정오를 잡아당긴다
만선을 꿈꾸는 낡은 이물은
돌아오지 않는 어부들을 기다리며
물질하는 빨간 엄지발게를 집어든다
찢어진 하늘이 낚시 바늘에 걸려 있고
삐걱거리는 흰 관절 세우며
하얀 돛폭에 걸려 있는 모새달은
쓸쓸한 해안을 돌아눕는다
비려진 꿈들이 녹슬고 있는 시흥만
소금 저린 밤바람이 달려오면
복성호는 날밤 세워 기운 그물을
바다에 던지는 꿈을 꾼다
달빛은 거친 모랫길을 토해내고
삼각파도가 하염없이 난바다에 휘몰아치면
출항은 더욱 멀다
파도에 걷어 채인 구릿빛 수염이
선수 밑창에 말라붙어 수심 깊어지고
늙은 깃발은 노을처럼 펄럭인다
끈끈한 밧줄들

억세게 부둥켜안은 갑판 위에서
죽음을 살아온 파도의 춤판이
신명나게 무너져 내린다

연탄론

신명난 깃발 뜨겁게 날아오른다
막노동을 밝히는 불씨 한 자락
활화산 되어 지친 몸을 사른다
뒷골목을 물들이는 꼼장어 냄새
꿈틀거리는 천막이 요동치고
지느러미 두 눈뜨고 몸부림치는
검게 탄 생애가 리어카 바퀴에 출렁거린다
군고구마 알몸으로 굴러다니는 불가에는
어린 날의 벙어리장갑 입김을 토해내고
날품팔이 휘어진 등판에 속울음 새겨진다
응달진 시장 귀퉁이 엉겅퀴꽃 피어나자
얼어붙은 좌판에 핏기가 돌아
아우성치는 칼바람 잠이 든다
뜨겁게 달구어진 연탄집게 사이로
설익은 새벽달 여물면
타다 남은 가슴은 하얗게 몸을 비운다
매연 속에 몸살 앓는 아파트 숲이
구공탄 불빛에 눈을 떠
사리로 굳어진 눈망울 활짝 귀를 연다

봄 도다리

지심섬 깨우는 동백
부엉이 눈망울로 붉어진다
갈곶리 바다
깊은 잠 빠져있는 풋 도다리는
바위틈 내려온 볕살에 실눈을 뜬다
봄철 푸른 물살 속 제왕
뭍에서 불어오는 쑥 내음에 취해
등짝마다 돌 꽃무늬 새기며 꿈틀거린다
두근거리는 물 숲에 살이 올라
봄 깨 서말 건져 식탁에 올리면
하얀 言語는 요동친다
듬성듬성 뼈째로 썰어
입안에 넣는 순간
대금산 진달래 파르르 깨어난다
손바닥만 한 몸매
가문의 격이 오른 도씨네
웅숭한 입소문 꽃피듯 무르익어
물길 헤집는 지느러미 술렁거리고
물비늘 반짝이는 물보라 한 장 앞세운다

아구찜

어물전 좌판에 눕기 전까지는
검은 등뼈가
해안선을 목에 걸고 누비었다

집채 하나 삼킬 듯한 아가리 벌름대며
문틈으로 분수대 물줄기를 쏘아 본다
파도타기 버릇에
눈알이 붉어지고
물살에 끼인 지느러미는
얽느린 뱃살을 하얗게 일으켰다
뜨거운 번철 위 세상은
억겁으로 이글거리는 아귀다툼의 불바다
멀어져간 물보라 찾아 헤맬 때
본관마저 잊어버려
알츠하이머에 빠져 들었다
터져버린 속살은 매운 산더미로
난도질된 생을 풀어 놓았다
동지나해 수평선 게워내는 해일은
트롤선 옆구리에 부딪쳐 동강나고
질펀한 소문이 녹아난 육수는

먼 바다 파도소리로 출렁거렸다
저인망 그물에 걸려 파닥이는 햇살이
맛깔스럽게 되새김질하는 사이
터져버린 살점들
젓가락 끝에서 진주로 굴러다녔다

공동 어시장

뱃고동이 끌고 온 바다를 수산센터 가득 풀어놓는다
부릅뜬 다랑어의 시퍼런 눈이
수장된 햇살을 실어 나르면
갈퀴처럼 억센 욕지도가
어판장마다 넘실거리고
어창에서 쏟아져 나오는 하늘은
뱃사람들의 구릿빛 가슴을 할퀸다
시장기를 끓여놓은 국밥집에서
선착장 저편의 허기를 메울 때
소주 한 잔 붉새 익어
목줄기를 타고 녹아내린다
파도에 취한 사내들은
비틀거리는 달빛
길모퉁이에 부려놓고
선창 계단에 쓰러진다
집 떠난 여자들의 기침 소리에
보안등 불빛이 시들어 가면
질편한 안개 속에 버무려진 어둠이
제 살을 뜯는다
서해로 떠난 은빛 지느러미는

밤별을 싣고 출항의 깃발을 올린다

4부

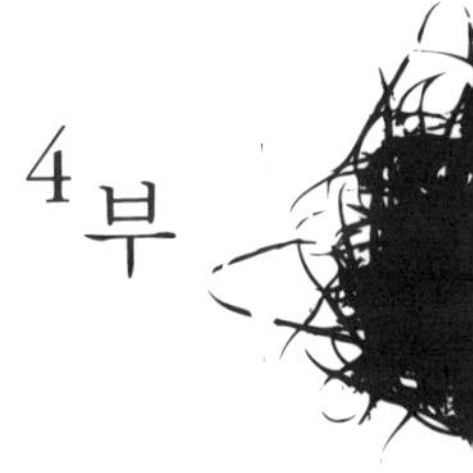

민들레꽃

보도블록 틈새로 얼굴 내민
노란 동자승
놀다 온 골목 어귀 그리워
둥근 울음 말아 이고
까까머리 햇살 동냥한다
잿빛 바람 등짐 지며
성불을 꿈꿀 때
눈가에 밟히는 얼굴 하나
어머니
사바세계 돌아보지 말라고
먼 길 떠나는 하얀 고무신에
햇살 한 줌 뿌려준다
무너져 내리는 작은 세상 위로
합장한 손길 환하게 날아간다

태백 가는 길

레일은 번득이는 솔개의 눈빛이다
차창 밖으로 쏟아지는 하늘치
속없는 빙어 떼처럼 몰려와 길을 깨운다
서리 껴입은 보리밥
부황 든 얼굴로 나부끼면
여우꼬리 햇살에 얼비치는
꽃잎보다 아름다운 이름
청송 봉화가 저만치
새벽을 일으켜 세운다
무성한 세간의 입소문에
성난 탄가루 이글거리고
굽이치는 백두대간의 아우성은
석탄박물관 지붕에서 휘몰아친다
붉은 땅 울음 산을 가로막고
네온사인 휘청거리는 메마른 거리
성인오락실 입간판 진하게 흐느낀다
밤낮 없이 모여드는 베짱이군단
한탕주의 모래성 앞에서
지친 어깨 비틀거릴 때
노역의 그림자 빛보다 눈부시다

땀에 젖은 옷자락이
사북 이마에 내린 그늘 말아올린다

봄 보아라

신선동 71-1번지
연못 속 물살이 봄볕에 몸부림친다
잉어 지느러미 힘줄 오르자
마리아칼라스의 목청이 높은음자리표 타고
삼월 하늘을 깨운다
길어진 해 그림자에
땅밑 후끈대는 알뿌리 사랑
애벌레처럼 몸 부풀리면
자동차 바퀴에 끌려가는 이차선 도로
가슴 가득 봄을 껴안는다

섬 허리 돌아 나오는 갯내음 코끝에 일렁이면
풋 도다리 등판에서 놀고 있는 바다아지랑이
쉼 없이 영도대교 끌어당긴다
청마시비 길목 햇솜 터진 백목련
하늘 춤사위 풀어 놓는 동안
희디흰 말들 방파제에 부서지는
아름다운 유배지
봉래산 쇄골에 걸려 파닥거린다

뜬소문에 혼미한 봄안개
한 장씩 펼칠 때마다
바람꽃 다발로 쏟아져
용두산 탑머리에 꽂힌다
날아든 문자 메시지 한 줄
아아, 애틋하게 흐르는 사랑아

소래포구

길을 놓친 수인선 협궤열차
객실의 허리가 바다 쪽으로 누워 있다
구름다리 낭하에
해넘이 걸려 파닥거리고
분홍꼬리 젓 새우 공중제비하며
비릿한 짠물 게워 올린다

포크레인 손바닥에 갇힌 바다가 말라간다

야위어가는 샛터 뒤로
주상복합 아파트들 불집을 쌓아 올리고
눈뜨면 모여드는 낯선 어족들
망둥어 뛰듯 치솟는 땅문서를
살진 악어백 속으로 감춘다
좁아지는 방파제 어깨 너머
찢어진 서해 노을이 펄럭이고
그물코 뚫으면 시위 중인 꽃게군단
출렁이는 어항을 잽싸게 낚아챈다
수은주처럼 오르는 땅값 주름살 펴질 때
땅따먹기 놀이에서 밀려난

푸르름이

바다에 끌려 나간다

파도의 춤판에 맞춰 눈부신 불꽃이 뛴다

연화도

밤송이가 말문을 튼다
한 백날 가시 세워
앙다문 입술
가을 볕살에 찔려
터지는 소리 땅이 갈라진다

절집 담벽 기웃대는
해묵은 석류 한 그루
가슴앓이 아물다 못해
속내 열어젖힌다
그리움에 아린 홍안
아자창에 무지개 뜬다

불이문에 기댄 상현달
해거름 밀어내고
눈 감은 목어 깨어
꽃 문살에 풍경소리 입힌다

황태덕장

눈보라 속에 미라의 꿈이 영근다
오호츠크 해협 건너온 명기들
눈발 뒤집어쓴 채 하늘에 매달려 있다
그물에 갇힌 생애 어쩌지 못해
거진항 눈밭에서 할복하고
달빛에 파묻힌 육신 죽비로 내리친다
빛바랜 외투 한 벌 걸쳐 입은 알몸 위로
개밥바라기별 따라 와
솜방망이로 두드리는 소리
해빙기 식탁이 군침을 삼킨다
겨우살이 얼음 옷 눈부셔
마른 한 세상 빛을 머금는다
환생을 꿈꾸는 생은
핏발선 바다의 눈알 굴리는
황금빛 스핑크스
새벽 머금은 긴 잠 아직 별빛이다
농익은 사발가 소절이 눈꽃으로 출렁이고
황제의 노후는 대관령에서 피어난다

지심섬에서

바다가 앉아 있는 꼬막 교실
칠판에서 파도소리 철썩거린다
물빛에 씻긴 아이들의 해맑은 웃음소리
오르간 건반 위로 뛰어 다니고
해풍에 튀겨 낸 오후 햇살은
스피커를 타고 온 동네 기어든다
골마루까지 올라온 방게 한 마리
열린 문틈 사이로 교실에 들어와
탐구생활 앞장 제 그림자 옮겨놓고
졸린 눈망울 굴리며 별빛을 새긴다
두근거리는 갯내음 녹슨 폐문을 맴돌고
넘쳐흐르는 발자국들
느티 그늘 아래 가쁜 날숨을 누인다
폐교 앞둔 진단서
물오른 대왕동상 눈가에 여우비 머물고
나이 굽은 배롱나무 어깨에
떠돌이 구름 비껴 선다
바다를 팔아 살아가는 구멍가게 김씨
썰물이 부려 놓은 물이랑 돌리며
저문 바람을 쓸어 담는다

선착장 등판에 살빛 생애가 넘실거린다

하짓날

한낮이 빌딩 허리에 걸려 엿가락처럼 길어진다
전광판 시계는 가위질 소리 삼키며
축 늘어진 도로를 토막토막 잘라 자동차에 싣는다
빨강 줄리엣 한 대 창문을 열고
정오의 초침소리를 풀어놓자
꿈틀거리며 타오르는 고수부지 가로등
열두 겹 풋잠 속으로 빠져든다
층층이 등 돌려 얼굴 터지는 접시꽃이
신호등마냥 칠면조처럼 분장을 하고
해를 따라 돌아가는 횡단보도 위에서
태양이 두 팔 벌려 저녁을 건너간다
아기 자라 등판에 해 그림자 내려서면
물양귀비 꽃그늘에서 자맥질하는 참붕어 떼
살집 오른 제 몸에 놀라 눈망울을 굴린다
더위에 지친 연밭이 기우뚱거리자
잔물살 갈퀴 세워 하늘을 들어올린다
지루한 해 걸음이 분수대 서성이는 동안
치솟는 물보라가 광고탑과 키 재기하며
서쪽으로 난 길로 어깨 들썩인다

어스름녘에는 긴 꼬리별 하나 지고 있다

소병도 동백

해금강 길목
꽃그늘 아래 염소 한 마리
옹이진 나무 둥치에 묶인 몸놀림은
꽃을 닮아
순한 눈망울 굴리며 연둣빛 끌어 당긴다
뭍에서 건너온 애틋한 봄볕이
바다 속 물너울에 일렁거리면
숨 막히는 생애
소병도 옆구리에 와서 부서진다
노자산 술렁이는 꽃등 행렬에
떨어지는 붉은 천둥소리
먹빛 풀어내는 가슴 이내 꽃빛 되고
여린 이파리 해 종일 삼키는 입놀림은
단내 게워내는 그림자에 흥건히 젖는다
섬 자락 돌아 나오는 물굽이
분홍빛 어깨에 실려 오는 가락이
몸부림치는 남녘 하늘 잠재우자
환생을 꿈꾸는 어진 기다림은
여차고개 마루
참꽃의 얼굴로 터져 나온다

다시 곰소벌에서

외변산 끝물 해 떨어지고
사내는 뻘 썰매 끌고 바다로 나가
졸음 오는 한나절을 건져 올린다
근육질로 펼쳐진 갯벌 위에
가파른 뱃길은 닻을 내리고
바다를 펴서 말린 흰 눈발 질펀히 누워 있다
별빛 머금던 겨울이
별똥별 되어
자갈밭 가슴팍에 떨어진다
외로움 삼키는 한 자락 안개가
깊은 시름을 달래주고
연어처럼 어린 날의 남대천을 추억한다
하얗게 서성이는 해안선은
적막한 소금밭에 파도소리로 쓰러진다
흰 물보라로 내려앉는 은백의 웃음소리
어망에 메어 둔 노을이 넘실거린다

석남사 공양주

요사채 처마 끝 풍경소리
길 따라 나선다
산그늘 아래 내려서는 쑥국새
열반에 들고
푸른 잎새들이
화엄 모퉁이 돌아선다
풀빛 넘치는 그리움은
파랗게 쏟아져 내려
학승 어깨에 그믐달로 걸려 있다
물소리는 골짜기 키우며 가라앉고
야윈 후박나무잎 외딴 해우소 문턱을 넘는다
받은 업이 너무 커
절집 뒤뜰에 돌아앉은 바오밥나무
마흔 해 넘도록 공양간 지키며 늙어가고
먹물 장삼에 칼금 긋는 바람이
굴뚝을 타고 서럽게 달아오른다
찰나가 긴 숨결 흩뿌리며 타오를 때
성황각 맞배지붕 끝에 어린 까치는
조르바처럼 꽁지춤을 춘다
흰 무명 띠 두른 구절초 무리 지어

색즉시공 외며 길섶에 비껴 선다
힘겨운 합장
하늘 한 평 가리며
법고소리에 젖어든다

처서 이후

명치까지 젖었던 삼복이
붉은 문신을 그려 놓고 떠난다
열린 뜨락으로 설핏 소름 돋아나고
하루치의 울음소리
삭신 끝자락까지 길을 낸다
적막이 산그늘 건너올 무렵
마을 따라 흐르는 푸른 연기가
골짜기로 뿔뿔이 날아가고
전신으로 끓어오르는 강물
서서히 여위어 깊어간다
노을 속으로 길을 여는 물새 떼
지친 하늘을 깨울 즈음
외출한 그믐달이 홀로 일어나
발목에 감기는 물살 뒤척이며
더위에 찌든 책갈피를 말린다
가위눌려 돌아앉은 가시연꽃
눈부신 속살 위로 흰 이슬이 내린다

낯익은 그림자 하나 건널목을 내려선다

매향리 들녘

종달새 한 마리
밤마다 조롱 속을 박차고 나온다
새파랗게 부서지는 재래시장 귀퉁이
좌판을 목숨처럼 펼쳐 봄풀로 자란다
질경이 같은 여자의 핏발선 발이
척박한 땅 위로 헤엄쳐 다니고
자유 없는 천사들의 하늘은
철창 끝에 매달려 한숨짓는다
콘크리트 벽에 기대어 울부짖는 겨울
시위대 행렬에 휩싸여
녹슨 호미로 어둠을 털어낸다
땅내 애태우는 가슴들
거센 물결에 부대끼는 동안
겉보리만큼 억척스런 한반도 정수리
의붓자식처럼 서럽다
새벽이면 이슬 털고 오는
조간신문 옆구리에
파업한 칸나꽃이 무리지어 피어나고
보리밭 깨우는 북소리 눈을 뜬다

공곶이 들다

바람의 숲 우거진 와현해수욕장
초겨울 볕살이 모래밭에 뒹굴고
때까치 소리 바다를 들어 올린다
등 굽은 산길
솔 갈비 깔린 길섶에 앉아
묵은 살비듬 날리고 있다
휘모리로 떠도는 구름에 부딪혀
퍼덕이는 햇살의 몸부림
방파제 끝에서 부서지고
키 큰 파도는 낮별을 캔다
수평선 끌고 오는 물비늘이
젖은 나비처럼 밀려와
몽돌 담벽 키를 세운다
비탈길에 잠든 수선화 사랑
하늬바람결에 깨어나고
향기 꺾인 산밭에
마른 숨소리 자욱하다
늙은 외로움이 키우는 해 그림자
종려밭 돌아 안섬 향해 가고
비껴 앉는 바람눈 끝으로

날카로운 비명이 쏟아진다
살아 오르는 바다 아지랑이
물질하는 갈매기 어깨에서
아득한 해안선으로 꿈틀거린다

동래 학춤

천 년의 안개 풀어놓는 학소대 천둥소리
중중모리 한 자락 화엄에 든다
이슬 우려내는 둥근 발끝은
굳어진 땅을 깨우고
도포자락 끝동 찰랑대는 물줄기
하얀 어둠 속 갈꽃을 마름질한다
뜨겁게 박차 오르는 굿거리장단에
시린 춤사위는 무르익고
검정 댕기 황새의 몸짓 부풀어오른다
수수수 흰 꽃잎들 미끄러져 내리면
눈부신 덧배기 춤세
법고소리에 실려 날아 오른다
낮달 부르는 손끝으로
신명난 가슴 띄워 올릴 때
짚새기 가득 까치 노을 물들고
바위 옥잠 여린 목 뽑아
구름 허리에 날개를 단다
그늘진 섬돌 위에 춤판 펼치는
함박눈
오이씨 버선코 머리에

총총히 매달린다
흰 바람벽에 기대선 촛불
긴 날개 접었다 편다

사월에 내리는 눈

폭설은 잔인한 혁명처럼 쏟아져 내린다
나무들은 눈부신 깃발 펄럭이며
새로운 공화국의 도로를 힘차게 행진한다
짓밟는 군화에 쓰러지는 꽃잎들
산동네 골목을 누비다가
문패 없는 키 낮은 대문 앞에
지친 육신을 눕힌다
마을버스가 정류소에 멈춰 서자
아이들은 시린 발로 꽃무늬를 찍는다
신문 머리에 눈사태 기사들이 빗발치면
햇살 아래 실눈 뜨는 동물병원 간판이
어지러운 꽃 그림자 아래 일렁거린다
산자락을 내려오는 시위대 행렬이
깊은 방황에서 하릴없이 무너지고
빙판 같은 세상을 덮는 하얀 머리칼
여린 바람결에도 분수처럼 휘날린다
싸락눈 시린 몸짓 은하수 스칠 때
어설픈 춤사위는 꽃눈을 깨우고
흰 눈의 유탄이 가슴팍 관통하며 달아난다

겨울 농막에서

지친 늑골에서 사내들의 허기진 울음이 새어나왔다
펄럭이는 비닐은 푸른 숨을 토해내고
얼어붙은 길이 꿈틀거리며 기어갔다
서릿발 눈뜨는 청무우 밭이
저 혼자 땅을 깨울 때
맨발로 치닫던 잿빛 고샅길에는
고개 숙인 어둠이 비껴 앉았다
엎드린 풀꽃들의 몸속으로 치솟는 힘살이
적보랏 빛 머리칼 풀어 헤치며
손바닥 선인장 밭으로 걸어 들어갔다
빈혈처럼 무너지는 사내의 손등이 붉게 물들면
날 세운 가시의 잎맥 타고 내려오는 꼬리별 하나
더운 김 솟는 비닐하우스 굴뚝 맴돌며
비틀거리는 묵정논 한 배미 끌고 갔다
눈뜨는 새벽 강물 소리는
작은 불빛 한 장으로 몸을 풀고
밤마다 흐느끼는 수수꽃다지
새들의 날갯짓에 황량한 하늘이 내려앉았다

현실인식과 미의식
–정빈의 시세계

하현식(시인 · 문학평론가)

1

시에 있어서의 현실은 언제나 중요한 소재 내지 제재로서 작용한다. 그러나 현실이 시적 화자의 시선에 어떻게 작용하는가의 여부에 따라 개별성을 진작시키게 된다. 이른바 재제 선택의 시점에서 이미 시에 대한 관점이 판가름되기도 하는 것이다. 가령 10년대의 계몽주의 시에서는 현실은 깨우침의 대상으로 반영되었다. 그리고 20년대의 시들은 자연과 인간사가 낭만적으로 접근되기도 했다. 30년대의 시에서는 더욱 현실은 비켜서서 미적 가치 내지 언어적 효용 등이 시적 반작용으로 나타난 것이다.

우리시에 있어서의 현실은 50년대 이후의 전쟁과 억압과 저항 등을 통해서 진면목을 드러내어 특히 60년대 내지 70년대의 시적 관심으로 척박한 현실이 반영되어졌다. 억눌리는 자와 억누르는 자의 연계성을 통해 현실참여의 기치 아래에서 비판, 저항의 현실인식으로 드러났다. 현실을 바라보는 시선의 치열함이라 할까. 소외된 삶과 인간의 현실을 옹호하는 측면이 순수의식과 대척을 이루는 가운데서 문학의 이분법적 인식을 직면하게 된 것이다. 척박하고 소외된 현실에 대한 비판적이고 저항적인 관점인 것이다.

정빈은 일차적으로 현실을 인식하는 시선이 이처럼 현실참여론자들의 인식과 현실을 선택하는 관점이 일치하는 데서 시적 개별성을 가진다고 볼 것이다. 그러나 이 시인이 접근하는 현실이 소외되어 있다거나 외면당하는 공간 또는 삶을 취택하되 참여주의자들처럼 소외된 현실을 바라보면서 비판하거나 저항하기보다는 역설적으로 미의식을 투사함으로써 인간주의적 발성을 기대하는 측면에서 또 다른 개별적인 시적 구조를 야기한다는 평가를 얻어내는 것이다. 궁극적으로 현실인식과 미의식의 카르텔을 기대하는 데서 정빈 시학의 위상을 정립하고 있음을 볼 수 있는 것이다.

2

정빈 시학의 공간은 이렇듯 소외되고 은닉된 특성을 가짐으로 짐짓 참여주의자들의 시적 의미와 혼동되어진다.

> 늙은 소금밭이 땡볕 아래서 수차를 돌린다.

해풍에 실려 오는 여우볕살
졸리는 모습으로 출산을 한다
조금 때맞추어
징기미 하늘 긁어 모우는 갯바람은
솔숲 넘보며 싸락눈을 토해낸다.
소금창고 등판에 화살처럼 박히는
잊혀진 봄볕
척추 부러진 고무래 일으켜 세운다
당그래에 끌려오는 잔설은
주름진 바둑판에 누워 노역을 꿈꾸고
푸른 안개는 아름드리 살집을 짓는다
노을에 걸려 허둥대는 산그림자
육각형 늑골 속으로 들어와

—「변산에서」 일부

정빈의 시에서 재제 선택의 특성이 적확하게 드러나는 시편이다. 〈변산〉이 펼치고 있는 아름다운 바다와 개펄을 천착하지 않고 삶의 땀과 눈물이 배인 〈소금밭〉에 앵글을 맞춤으로써 낭만적인 자연을 도외시하고 숨 가쁜 현실을 배태하고 있는 인간과 〈노역〉을 초점으로 삼는 데 개별적 시각이 드러나는 것이다. 〈소금밭〉을 둘러싸고 있는 〈여우볕살〉과 〈갯바람〉 그리고 〈잊혀진 봄볕〉에서 고달픈 인간의 면모를 연상시킨다. 특히 〈잊혀진 봄볕〉은 그러한 인간적 내지 삶의 소외감을 두드러지게 하여 현실의 심각성을 노정하는 것이다. 이는 척박한 삶의 변

죽을 울리는 동시에 〈소금〉 자체의 속성을 보편화하고 있다.

또한 이러한 삶을 가져다 준 힘에 대한 저항이다. 비판적인 의도는 전혀 드러나지 않는 데서 정빈의 시적 의향의 개성을 확인하게 된다. 오히려 말미에서 〈성근 눈발이/황금밭 찾아 출렁거림〉으로써 소외의 극복 또는 고난의 일탈을 반영하게 된다. 그리고 이 시인의 현실에 대한 긍정적 자세를 규명하게 된다. 시인은 다만 보여주기를 통해서 삶의 궁극적 지표를 고양하고 있다.

아울러 이 시편에서는 〈여우볕살〉 〈조금〉 〈징기미〉 〈고무래〉 〈당그래〉 등의 토속어가 지적 재제상의 의도를 확실하게 하는 점이 한 특징이 되고 있다.

금간 벽면을 타고 가을이 젖고 있다
낡은 전선들이 공중에서 농성을 하고
자고 나면 솜방망이 벼락소리
부릅뜬 눈에 핏발이 일어선다
맨몸의 민달팽이 한 마리
저당잡힐 목숨조차 없이
외벽 타고 오르는 붉은 담쟁이와 몸을 섞는다
재건축 딱지 날려버린 개고동 등판에서
휘청거리는 햇살 소금밭처럼 말라가고
떠도는 발걸음 아득히 멀어진다
늦가을 녹물 토해내는 수도꼭지 틈새로
남루한 생이 거품처럼 기어나가

인력시장 처마 밑에 둥지를 튼다
나 홀로 시위하는 현수막이
헐벗은 몸 부풀리는 동안
헌옷 수선집 재단기 앞에서 꿈꿔온 하늘은
철근 더미 속에서 기워지고 있다

—「두구동 산 십 번지」 전문

공간의 척박성을 직접적으로 묘파한 시편이다. 화려한 도시의 외곽지대에서 삶을 경영하는 소외된 자들의 터전을 단순히 보여줌으로써 척박한 인간들의 삶의 넓이와 깊이까지도 노정하고 있다.

〈젖는 가을〉과 〈늙은 전선〉과 〈저당잡힐 몸이 없는 민달팽이〉를 통해서 삶의 〈남루〉를 여실히 부각시키고 있다. 결국 현실의 징식이 부실할 때 그 속에 존재하는 인간의 삶도 부실할 수밖에 없다는 지극히 보편타당한 원리 위에 시정신이 작용하는 것이다.

이러한 삶의 척박성은 배면에 화려한 삶이 대척되어 나타남으로써 이 시인의 진실이 구축되고 있음을 볼 수 있다. 역사나 문화가 그러하듯 환대 받지 못하는 삶과 공간을 그려냄으로써 정빈 시학의 애절한 내면의식 내지 미의식이 활착되는 것이다.

〈꿈꿔온 하늘이/철근 더미 속에서 기워지는〉 처절한 염원은 피상적인 부정적 묘사를 통하여 시인정신의 한 단면을 암시해주고 있음을 간과하지 못한다. 현실은 항시 낮은 데서 높은 곳으로 승화되는 것임을 역설하고 있는 예인 것이다.

3

정빈은 앞에서 보아온 바와 같이 척박한 공간을 취택함으로써 자기세계의 역설적 반전을 기대하고 있다. 뿐만 아니라 시간적 기준에 있어서도 이 시인은 척박함을 선호하고 있음에 다름 아닌 것이다. 이른바 〈춘삼월 호시절〉이란 통념을 도외시하고 채 겨울이 다 가지 않은 〈이월〉을 대상으로 미의식의 전형을 찾아내고 있다.

키 낮은 화폭을 펼치면
물오른 싹이 고개를 든다
자작나무가 걸어다니는 허공으로
댕기 물새 떼가 물방울을 뿌린다
나비는 날갯짓 치면서
우랄산맥을 타고 내려와 앉고
황하에서 불어오는 흙바람은 물구나무를 선다
외눈박이 박쥐를 그려내는 화가는
쥐눈이콩의 잠을 깨우고
깜빡거리는 붉은 눈이
처마끝 얼음을 풀어낸다
낡은 이름표를 갈아 끼우는 풍경들은
어깨 펴며 일어서고
꽃눈은 별처럼 돋아난다
어린 손들은 메마른 창문을 두드리고
우울증 앓던 태양이 귀를 연다

—「이월의 사랑」 일부

이 시인은 시간적 취택에 있어서도 척박함을 함축하여 접근한 기화요초가 현란한 봄을 피하여 아직 채 깨어나지 못한 싹들의 위치에서 이들의 〈사랑〉을 고취하고 있다. 녹음이 무성한 여름이나 가을 단풍이 눈부신 시간을 비켜서서 새 생명에의 찬탄을 읊조리고 있는 것이다. 정빈의 애정은 완성보다는 미완성에 초점을 맞추고 있으며 결말보다는 발단에 더 큰 애착을 경주함으로써 시의 특성을 기대하고 있다. 더구나 시간의 형상을 〈화가〉가 창조하는 과정에 비유하여 시적 구조상의 절묘함을 부양하기도 하는 것이다. 이 시인의 신앙적 디테일에 근거한다면 〈화가〉는 천지창조를 단행한 신의 기능에 연결되어 있음을 간과하지 못한다. 신이 일주일에 걸쳐서 세상을 펼치듯 〈화가〉의 치밀성은 새로움에 답한다고 볼 수 있다. 〈싹이 고개를 드는 허공〉에서 〈자작나무가 걸어다니는〉 이미지에 이르기까지 정빈의 각박한 현실로서의 시간은 큰 현실의 묘미까지도 끌어내는 것이다. 뿐만 아니라 〈댕기물새 떼〉, 〈쥐눈이콩〉 등이 발휘하는 미적 언어의 순발력에서 한층 더 창조적 가치를 발견하게 된다. 더구나 〈실로폰소리가 떠도는 들판〉을 찾아냄으로써 막힌 현실이 빚어내는 독특한 미의식의 구축에서 정빈 시학의 이상이 규명되어진다고 할 것이다.

진전면 들녘에 조등이 내걸리고
굶주린 벼들이 다비식을 갖는다
성난 불길은 용광로처럼
야윈 잔등 삼키며

낙동벼 가슴에 비수를 꽂는다
불붙는 벼알을 눈물로 치켜든 트렉터
흰 광목띠 두르고 사자처럼 달려와
바퀴로 날 선 화인 찍으며
까맣게 초토화된 논밭을 갈아엎는다
벼꽃이 하얗게 피어나는 유월이면
밤 세워 터진 물꼬 부여잡고
피붙이처럼 키워온 문전옥답
한 주먹 먹빛 사리로 흩어진다
서슬 푸른 불꽃 앞에 고개 숙이고
화형장으로 끌려들어가는 밀양23호
우르과이 라운드 벼락소리에
명분 없는 목숨을 던진다

—「호산리 들판」 일부

이 시편은 비유와 이미지에 의존했던 발성법에 비교할 때 호소력 넘치는 육성으로 피폐한 공간을 제시하고 있다.

농민들의 무너지는 갈망을 〈호산리 들판〉의 단면을 리얼하게 그려낸다. 물론 〈다비식〉의 처절한 의식으로서 존재의 저항이나 고발을 반영하고 있으나 60년대의 참여적 발성과는 구별화되고 있다. 다만 애절한 농민의 급박한 심경을 불태움의 형식을 통해 보여주면서 일종의 비애미에 천착되고 있는 것이다. 〈벼꽃 하얗게 피어나는〉 기대감과 대척된 치명적인 상실감을 보여줌으로써 삶의 허망감을 부각시킬 뿐이다. 비판, 고발, 저항의 참여의식보다는 자기 비애의 극단적인 정황을 통하여 시적 경계성을 유도한다고 볼 수 있다.

4

정빈 시인의 현실을 인식하는 시선이 보다 수려하고 무구한 자연을 도외시한 〈변산〉의 연민이라든가 척박한 현실적 공간에 밀착되어 능청스럽게 미의식으로 처리하는 위상과는 달리 잡다한 삶의 현실을 근시안적 시선으로 점검하여 현실을 기계적 성능에 접목시키는 패턴을 주목하지 않을 수 없다.

휘청거리는 불빛이
마스터 옆구리에 찍혀나온다
폭발하는 신명조체 문자들
등판에 누워 발아를 기다리고
뜨거운 추억이 흩뿌려진 지면 위에
파종되는 씨앗들이 어둠을 밀어낸다
심장에서 쏟아져 나오는 봄은
여물지도 못한 채 부풀어올라
설익은 아침을 구워낸다
복제된 태양의 눈빛이
모음으로 찍혀 있는 소롯길에
이카로스의 날개가 탐스럽게 내걸리고
흐린 자음들이 울창한 숲을 넘나든다
떠날 채비를 한 설화들이

가판대에 꽂혀
된바람에 가슴 나부낄 동안
낡은 기계음이 서로의 안부를 물어온다

—「행복인쇄소 지나며」 일부

「행복인쇄소」는 이 시편에서 잡답한 현실로 동원되고 〈행복〉과 〈불행〉의 이분법적인 접근이 아니라 고통과 분진과 노역이 어우러진 〈불행〉의 구조를 애써 〈행복〉으로 윤색하여 부정적 의미의 현실을 긍정적으로 매김하는 데서 시적 개별성이 번쩍이게 된다. 직관세계에서 떠오르는 번민의 꼬투리를 관조의 체에 걸러내어 인간이 직면한 비애를 전환시켜 놓는 일이다. 〈인쇄소〉 또는 〈인쇄기〉는 고달픈 노역의 현실을 대변한다. 〈인쇄소〉의 대각적인 작용이 인간적 고통에 연결되어 상징적 효용성을 활착시키는 것을 볼 수 있다. 그러나 노역의 벅찬 과정을 통해서 〈찍혀 나오는 자음과 모음〉들은 불행한 노동을 〈행복〉으로 환치시키며 고달픈 인간적 삶을 〈행복〉한 결과론으로 유도해 가는 것이다. 〈인쇄기〉의 다이내믹한 작동은 바로 타성에 빠진 인간적 고뇌에 연결고리를 갖추고 있다 할 것이다. 또한 정빈의 가치지향성은 잡답한 현실에서 미적 요인만을 추적하는데 있다. 현실을 대상으로 고발하거나 저항하는 참여주의적 면모를 취하는 것이 아니라 오히려 이를 통한 변증법적 변신을 감행함으로써 시가 요구하는 개성적 패턴을 확립하게 되는 것이다. 인간의 역사와 문화를 〈행복인쇄소〉를 통해서 압축하고 집약해내는 예가 되는 것이다.

광나루역
지하철 차창 밖으로
노을 한 자락 걸어간다
하늘이
애기 분홍빛으로 출렁이며
바람의 긴 목덜미 간질일 때
포롱새 한 마리 높이 솟아
강물 속에 몸을 던진다
미화원 긴 대빗자루 끝에 뒹구는
물오른 오후가 눈을 뜨고
이른 봄 햇살은
느릅나무 잎새 뒤에서
살비듬 날리는 신호음을 쏟아낸다
고압선에 삼전된 하늬바람
강둑에서
푸른 안개와 몸을 섞는다

—「교외」 전문

이 시는 일차적으로 평온한 자연의 모습으로 그려지고 있다. 각박한 현실의 근거를 집어낼 수 없는 풍경이지만 이 시인 특유의 현실인식의 레이더망에는 고답적일만큼 가라앉은 〈교외〉의 그림 속에서도 지극히 처연한 현실이 걸려든다. 이는 〈미화원 긴 대빗자루〉와 〈고압선에 감전된 하늬바람〉이다. 〈광나루역의 노을〉과 〈애기 분홍빛 하늘〉과 〈느릅나무 뒤의 봄햇살〉이

꾸며내는 자연의 평화스러운 풍경 속에 〈미화원의 대빗자루〉는 척박한 현실로서가 아니라 자연 속에 동화된 그림 속의 한 오브제로 승화되고 있다. 미의식의 섬세한 촉수를 통해서 각박한 삶의 궤적을 희석시키고 있는 것이다. 현실의 예리한 표적은 〈대빗자루〉이며 이를 통해서 드러나는 상상력을 정빈은 은근히 강요하는 효과를 성취하고 있는 것이다. 아울러 〈고압선에 감전된 하늬바람〉에 이르러서는 문명비판적인 인식까지도 자연스럽게 구축해낸다.

정빈의 현실인식의 패턴은 이렇듯 저항과 고발과 비판으로 성취되는 것이 아니라 단적인 현실 양상을 재치 있게 보여주는 자세로서 오히려 참여의식이 아닌 미의식으로 변용되는 무구한 시정신에 바탕을 두고 있는 것을 체휼하게 된다. 〈하늬바람〉과 〈고압선〉의 접목은 초현실주의자들의 의식의 충돌이나 언어충돌에서 빚어지는 이미지의 창출을 뛰어넘고 있다. 시인은 의미와 이미지를 동시에 창출하여 시적 상상력을 고양하게 된다. 이러한 의미에서 정빈에게 있어서는 아예 척박한 현실은 존재할 수 없으며 설사 존재한다 하더라도 이 시인에게 산산이 무산되어 버리는 미묘함을 수용하게 되는 것이다.

5

정빈 시학의 또 하나의 현실인식의 특성은 과거적 현실과 현재적 현실이 병치하여 접근되는 데서 드러나는 비애의 미의식을 들 수 있다.

레일은 번득이는 솔개의 눈빛이다
차창 밖으로 쏟아지는 하늘치
속없는 빙어 떼처럼 몰려와 길을 깨운다
서리 껴입은 보리밥
부황 든 얼굴로 나부끼면
여우꼬리 햇살에 얼비치는
꽃잎보다 아름다운 이름
청송 봉화가 저만치
새벽을 일으켜 세운다
무성한 세간의 입소문에
성난 탄가루 이글거리고
굽이치는 백두대간의 아우성은
석탄박물관 지붕에서 휘몰아친다
붉은 땅 울음 산을 가로막고
네온사인 휘청거리는 메마른 거리
성인오락실 입간판 진하게 흐느낀다

—「태백 가는 길」 일부

이 시편은 구조적으로 시간적 진행과정을 피폐한 현실의 척박함을 잘 반영하고 있다. 과거 탄광지역이었을 때의 척박성과 현재의 환락적 척박함이 대비되어 날카로운 현실의 고뇌를 묘파하고 있다. ①~③행에서 드러나는 도입의 관건은 〈번득이는 레일〉로서 단적으로 드러나고 있다. 특정한 공간이 배태하고 있는 속성을 〈솔개의 눈빛〉으로 비유함으로써 과거적 〈태백〉

에 비해 현재적 〈태백〉이 암시하는 살벌함을 적시하는 예가 아닐 수 없다. 그리고 〈속없는 빙어〉의 비유적 장치로서 〈태백〉의 환락 속에서 멸망하고 있는 인간들의 처지를 적확하게 반영하고 있다 할 것이다. 한편 ④~⑬행의 전개부분에서 과거적 피폐함에서 현재적 연민으로 이행되는 과정을 보여준다. 〈부황든 얼굴〉의 존재적 서글픔과 〈여우꼬리〉의 빈자적 처신과 엉뚱하게도 새벽을 깨우는 오지의 면모에서 돌이킬 수 없는 과거적 척박함이 드러난다. 그러나 무엇보다도 과거적 시간성과 현재적 시간성을 매개하는 것은 〈석탄박물관〉이 아닐 수 없다. 이는 과거의 표징이면서 현재의 지표인 것이다. 그리고 절정에 해당되는 ⑭~⑳행을 통틀어 현재적 척박함을 형상화하고 있다. 우선 피폐한 현재를 〈붉은 땅 울음〉으로 요약한 뒤 〈휘청거리는 네온사인〉과 〈베짱이군단〉과 〈한탕주의 모래성〉을 통해 비정한 세태의 일면을 구체화하고 있는 것이다. 무엇보다도 〈노역의 그림자 빛보다 눈부신〉 멘트로서 정빈의 역설적 현실인식을 반증하고 있다. 결코 〈눈부실〉 수 없는 〈노역〉의 행태를 시인의 눈으로 꿰뚫는 풍성한 상상력의 결과인 것이다. 특히 에필로그에서 드러나는 〈땀에 젖은 옷자락〉의 심상은 과거적 이미지로서의 광부들의 삶과 현재적 이미지로서의 놀이꾼들의 삶이 절묘하게 오버랩되어 구현됨으로써 정빈 시학의 본령을 수립하고 있는 것이다.

보도블록 틈새로 얼굴 내민
노란 동자승

놀다온 골목 어귀 그리워
둥근 울음 말아 이고
까까머리 햇살 동냥한다
잿빛 바랑 등짐 지며
성불을 꿈꿀 때
눈가에 밟히는 얼굴 하나
어머니
사바세계 돌아보지 말라고
먼 길 떠나는 하얀 고무신에
햇살 한 줌 뿌려준다
무너져 내리는 작은 세상 위로
합장한 손길 환하게 날아간다

—「민들레꽃」 전문

「태백 가는 길」이 〈태백〉의 비정한 과거와 현재가 내포한 현실의 인식을 통하여 또한 과거와 현재의 미의식 즉 비애미에 이르는 구조와 같이 「민들레꽃」에 있어서는 현실이 추악하거나 절망적인 경계에 추락하지 않고 고도의 비애미로 형상화되는 것을 볼 수 있다. 우선 제재로서의 〈민들레꽃〉이 지니는 화훼류로서의 의미망이다. 여느 꽃에 비하여 결코 미려함에 꽃답지 않는 꽃의 재제적 취택에서 상상을 초월하는 시인의 의도를 만나게 된다. 아무런 아름다움도 향기도 갖추지 않는 〈민들레꽃〉의 위상은 상대적으로 척박한 현실을 투사하는 존재의미에 닿아 있다. 그리고 제재의 식물적 생태가 보여주는 특성과 〈동자승〉이 비유적 관계를 가짐으로써 존재의 비애가 노정되는 것을 볼 수 있다. 이러한 의미에서 〈민들레꽃〉의 생태에 불교적 이미지의 접합은 현실을 꿰뚫는 시인의 함축적 시각의 결과라 할 것이다. 〈민들레꽃 →현실→동자승〉의 등식에서 사려 깊은 정빈 시학의 일면이 반영되고 있다. 비록 타의에 의해 입산수도의 길에 든 동자승〉이지만 〈사바세계 돌아보지 말라〉는 〈어머니〉에의 연민은 강열한 미적 의식 가운데서도 단말마의 슬픈 현실이 투영된다. 단지 〈햇살 한 줌〉으로 어두워지는 내면을 돌이켜 궁극적인 미의 경지를 지탱하는 구도가 돋보이는 것이다. 비록 〈민들레꽃〉의 〈작은 세상〉을 노래하고 있으나 인간들의 〈큰 세상〉을 보여준다. 또한 〈합장하는 손길〉에서 〈날아오르는〉 제재의 이미지가 적확하게 구현되어지는 데서 정빈 시학의 높은 차원을 바라보게 되는 것이다.

정빈은 시각적 경계를 척박한 현실에서 출발시킨다. 그 현실이 지난한 속성으로 풀이되지만 궁극적으로는 미의식에 입각한 긍정정신에 닿게 된다.

역사와 문화를 직시하는 눈도 그러한 카테고리에서 자기만의 시를 굴착해간다.

문학의전당 · 시인선 85
길은 언제나 뜬눈이다

초판인쇄 2009년 11월 15일
초판발행 2009년 11월 20일

지 은 이 정빈
펴 낸 이 김충규
펴 낸 곳 문학의전당
출판등록 제387-2003-00048호(2003년 9월 8일)

주 소 121-718 서울특별시 마포구 공덕2동 404번지 풍림VIP빌딩 202호
전화번호 02-852-1977
팩시밀리 02-852-1978
블 로 그 http://blog.naver.com/mhjd2003
전자우편 mhjd2003@naver.com

I S B N 978-89-93481-43-3 03810